LETTRE

AU PRÉSIDENT

DE LA RÉPUBLIQUE

PARIS

IMPRIMERIE BALITOUT, QUESTROY ET Cᵉ

7, RUE BAILLIF, 7

1879

LETTRE

AU PRÉSIDENT

DE LA RÉPUBLIQUE

LETTRE

AU PRÉSIDENT

DE LA RÉPUBLIQUE

Monsieur le Président,

Un immense besoin d'honnêteté publique vous a porté à la présidence de la République française comme étant la représentation politique la plus élevée de cette honnêteté.

C'est là le premier acte que la France a fait de son entière liberté, conquise par le dernier vote donnant au Sénat une majorité républicaine.

Elle se croyait arrivée au terme des souffrances que lui avait imposées l'établissement de la République. La joie était dans tous les cœurs.

Elle a été de courte durée!

Avec votre présence à la suprême magistrature, la République paraissait inébranlable.

Mais à peine êtes-vous installé au palais de la présidence qu'éclate une de ces mines qui font voler en éclats la fortune publique et celle des particuliers, jettent la désolation dans les familles, couvrent le pays de ruines et de deuil comme un champ de bataille, et sèment l'épouvante dans la nation en faisant trembler tous les citoyens pour leur fortune.

Nul ne sait jusqu'où serait allé l'effondrement de la fortune publique et privée, qui a pris les vastes proportions d'un désastre national, sans les foudroyants articles de l'intrépide rédacteur du journal *la France*. M. de Girardin, dans ces journées néfastes, a rendu un éclatant service à la République. Il s'est montré le véritable ministre des finances et homme d'État supérieur. Il a défendu avec un admirable talent les vrais et grands intérêts du pays contre M. Say.

Que l'honnête Président de la République française se renseigne, suivant l'exemple du Président des Etats-Unis, qui fait constamment prendre de sûres

informations sur les besoins de la Répu
blique et l'état de l'opinion, informations qu'il transmet ensuite au Congrès,
et il pourra se convaincre du coup terri-
ble qui vient d'être porté à la République, il entendra les malédictions qui
s'élèvent de toutes parts dans le pays, les
cris de triomphe insultants, les railleries
des ennemis de la République.

Ils ont pensé que la situation financière
réagirait sur la situation politique du
pays, et ils ne se sont malheureusement
point trompés !

L'indignation est générale, les honnê-
tes gens, les républicains sincères sont
consternés.

Ils savent que, si la France s'est pas-
sionnée pour la République, si elle a fait

tant de sacrifices pour l'établir chez elle, c'est qu'elle a regardé cette forme de gouvernement comme celle qui garantissait le plus sûrement les libertés, la vie et la fortune publique et privée des citoyens, comme le gouvernement conservateur par excellence. Malheur à la République si cette foi est détruite !

Si la confiance n'est pas absolument perdue, ce qui serait un mal irréparable, elle est au moins profondément ébranlée, ce qui en est déjà un énorme. Il faut qu'une prompte décision rassure complétement le pays.

Il faut que le pays sache quels sont les féroces auteurs de cette machination infernale, qui vient désoler la France, déjà si malheureuse ! quels sont les ennemis sans pitié qui ne peuvent lui laisser ni trève ni repos!

Il faut que la lumière se fasse!

Que les coupables soient frappés comme la foudre!

Les faits sont accablants pour M. le ministre de finances.

Que sont devenus en ses mains l'honneur et la considération de la République?

Qu'a-t-il fait de la fortune publique et privée?

Comment! M. le ministre des finances de la République ignorait, le 11 février, quelle était la situation commerciale et industrielle de son pays, il n'a pas rougi de le déclarer à une tribune française! Il n'avait aucune opinion ni sur le *fond*, ni sur la *forme* d'une opération aussi colossale que celle de la conversion! d'une opération touchant à la vie du pays !

Cela est inadmissible !

Mais, précisément, il était de son devoir d'en avoir une. Dès que son absence d'opinion sur cette question paralysait les affaires et favorisait l'agiotage, il était coupable de n'en point avoir.

Il ignorait, ce ministre, que ce pays avait été ravagé par une effroyable guerre; qu'il avait porté le poids d'un million de soldats allemands; qu'on lui avait arraché des membres, l'Alsace et la Lorraine ; qu'on l'avait appauvri par une effroyable rançon de guerre; qu'il avait été dévasté par toutes les calamités, qui semblaient s'être abattues sur lui; par la Commune, par la mort et l'exil d'une multitude d'ouvriers habiles et indus-trieux, par les luttes politiques qui avaient dévoré l'épargne, et paralysé le travail; il ignorait que ce pays avait perdu des sommes folles dans les emprunts et les entreprises étrangères. Il lui a fallu de longues réflexions pour découvrir qu'un pays ainsi meurtri n'était pas précisément arrivé encore à la plus haute prospérité, et pour déclarer que le moment de la conversion de la rente 5 0/0 n'était pas arrivé? La France doit être fière de ce ministre devant l'Europe. Et à qui fait-il cette déclaration? Au pays? non! A la Chambre? Non.

Il refuse à la Chambre des députés, c'est-à-dire au pays lui-même, des explications, sous prétexte qu'il n'a point d'opinion ni sur le fond ni sur la forme de la question de la conversion du 5 0/0.

Quand il a formé son opinion, vient-il faire sa déclaration à la représentation nationale, qui la lui avait demandée et à qui il la doit? Non, c'est pour M. le syndic des agents de change qu'il la réserve !

Ainsi, pour ce singulier ministre de la République, M. le syndic des agents de change est au-dessus de la représentation nationale! M. le syndic est au-dessus du pays. Voilà un ministre républicain! Cette conduite est l'oubli de toutes les convenances, une grossière offense à la représentation nationale, une insulte au pays !

En Angleterre, les faits auxquels elle a donné lieu n'auraient pas pu se produire, et, dans tous les cas, ne s'y seraient pas produits impunément ; aux États-Unis, le silence du ministre aurait fait parler les révolvers.

Il est intolérable qu'un ministre, quel qu'il soit, puisse disposer à son gré de la ruine ou de la fortune des citoyens.

La France ne le souffrira pas, M. le ministre en fera l'expérience, ce qui n'est que juste.

Elle veut des ministres à l'âme un peu plus fière, qui se forment une autre idée de la République, que ce ministre qui met un syndic d'agents de change au-dessus de la représentation nationale.

Il n'y a qu'un cri d'un bout de la France à l'autre contre la conduite du ministre des finances et celle de M. le syndic des agents de change.

Le mépris public prononce déjà les mots de Directoire! La marée du mépris monte. L'honneur de la République exige qu'une justice immédiate et éclatante soit donnée au pays.

Il a confiance dans son Président!

Paris, imp. Balitout, Questroy et Cᵉ, 7, rue Baillif.

PARIS

IMPRIMERIE BALITOUT, QUESTROY ET Cie

7, rue Bailiif, 7